© 2015 alex k.
Herstellung und Verlag:
BoD – Books on Demand, Norderstedt
1. Auflage Mai 2015
Printed in Germany

ISBN 9783734795503

a l e x k.

Die Wahrheit

eine misanthropie

> ...dadurch das wir sie beschimpfen,
werden sie uns nicht mehr zuhören.
sie werden uns anhören. <

                              Peter Handke

ich spreche zu euch, denn ich sehe euch.

ich sehe euch, tief in den gottverlassenheiten, wo es jede menge von euch gibt,

und eh' die schatten der angst euer wertloses nutzmenschenblut in ewige dunkelheit legen, erzähle ich euch von der zumutung, von dem luxuskerker, von der tretmühle aus purem gold, der chromoxydgrünen brühe aus loorbeerkränzen und verzweiflung, in der ihr, dösend angekettet mit den fesseln der berechnung vor euch hin tümpelt.

i h r   s e h t   e u c h   n i c h t.

ich erzähle euch von denen, die ihr seid

ich erzähle euch von einer menschheit, begriffen in der steten nachahmung des

morgen, verseucht, mit dem humanpathogenen virus der feigheit, die gehirne in stumpfer gier der verkruttung preisgegeben, apathisch im nebel des illusionären irrend, maßlos im selbstbetrug, und grausam, ohne ziel.
eine menschheit in angst, und aus angst heraus kaltblütig, nicht selten, jenseits von jedem.
ja, das seid ihr.
ein gigantisches irrenhaus ohne nachtruhe, degenerierte horden, exuliert im elend endloser trivialität, verkrochen in den höhlen der unzulänglichkeiten,
die albträume der väter, die phantasie, geist & gedankenlosen, seit hunderten von jahren unveränderten litaneien der mütter rückwärts betend, ratlos paralysiert im reflex der selbsttäuschung, schwindsüchtig sich an ideologien klammernd,
die herzen zu koprolithen versteinert, krank & verloren im mittelmaß, triebhaft, und ohne unterlaß damit beschäftigt, die nächste saat des verbrechens großzuziehen;

und die nächste. und die nächste.
und die nächste.

ich sage euch: das licht, ist weit.

dem straßenkot, dem seid ihr näher, als
dem unwesentlichsten stern.

i h r seid jene, die gandhi erschießen.
i h r seid jene, die einen jesus mit wolllust
nocheinmal ans kreuz nageln.

i h r ä n g s t l i c h e n

ihr wollt hinausgeboren werden, aus dem
leben, damit es amtlich wird, das kein
leben vor dem tode einzug hielt.

und es ist wahr, seht nur:

t o t e   w o l l e n   t o t e s .

geschirrspüler. automobile.
lebensversicherungen. autobahnen.
munition. plastikplunder.
PVC.
halbwertszeit: 4 milliarden jahre.
da können die nachfahren eurer nachfahren
von den nachfahren noch erfahren das ihr
in einem großzügig ward: i n d u m m h e
i t, weil man euch jeden dreck
hineinschieben kann.

noch ein babylon, und noch eines, und
noch eines, wieviele wollt ihr?

jahrtausende habt ihr dazu verschwendet,
um euch nun, mit der glorie eurer
schwachsinnigkeit via satellit in fremde
galaxien hinein zu brüsten.

doch ich frage euch, reicht es denn schon,
wenn sich der biologische triumph
denkender gehirne in kettensägen und
hitzegesteuerten fernlenkwaffen
manifestiert? reicht es denn?
und wundert es euch nicht, das die, in
deren taschen die bunkerschlüssel leise
klirren immer noch das letzte wort haben?

was, habt ihr dem hinzuzufügen?
blasmusik ?

zwischen dem apokatastasischen schweigen
von alten, faulenden särgen, hysterie, und
psychischer inkontinenz, in diesem
spektrum, darf man etwas von euch
erwarten.

euer dasein, ist ein fortsein.
denn was tut ihr,
euer freizeitplansoll ist jenes, euch in
wirren rüstungen fatzkenhafter subjektivität
euch eurer kreaturenhaftigkeit zu sonnen.

eure gifte, gewehre und baumsägen, die
werden gegen uns losgehen, und ihr
könntet es fühlen, in euren blähungen, in
den kleinen zwischenräumen quaternärer
schizophrenie, ihr könntet es fühlen, wenn
das, was ihr euer bewußtsein nennt, eine
nuance unbescheidener wär';
ja, ihr könntet es fühlen, das alldies gegen
uns losgehen wird, und was tut ihr?
schießen und sägen.

fünf kilogramm unkrautvertilger pro
quadratmeter normrasen.

das unkraut, seid ihr.
die norm des schwachsinns, der
begrenztheit, s e i d   i h r.

ihr selbst, seid das gift, das ihr in euch
stopft.

ihr sehnt den tod herbei.
alles wird hinweggefegt.
alles wird hinweggesägt.
auf geheiß eures stillschweigens.
ihr wünscht nur, das alles schnell vergeht.
ihr sehnt den tod herbei, in eurem
größenwahn für alle, denn im and'ren seht
ihr euch.

der schrecken eurer redundanten dummheit
uferte vor jahrzehnten schon von der
aktualität in die chronologie;
aus der exterritorialität flüchtiger
wahrnehmung, hat es diese eure
hartnäckige dummheit als immerwährendes
schauspiel in mein leben geschafft. seid
stolz,

wie u n b e i r r b a r ihr seid in der
mißachtung des selbstverständlichen.
wie u n b e i r r b a r ihr seid, in der
mißachtung des schönen.

die anthropologie forscht in der verkehrten
richtung.

und dies zu eurem gedächtnis, denn ich
weiß es:

ihr heiratet
ihr wollt nie heraus, aus euren
kinderzimmern. das ist die wahrheit.

verloren, auf einem planeten im irgendwo,
ist angst.

angst. angst, vor dem alleinsein. all eins
sein.

schmerzfabriken.
kinderhöllen, ohne zahl.

eine endlose reproduktion von traurigkeit.
tristesse. zwang, und wahnsinn.
ja, in diesem zustand seid ihr, und w a s
könntet ihr euren kindern weitergeben
i n   d i e s e m   z u s t a n d?

natürlich: n i c h t s.
anthropometrisch ist der kopf der kleinste
teil, ich weiß, > ein zufall < meint ihr,
ich aber sage euch, die dunkle seite der
sonne, ist unter euren schädeldecken.
bei euch, wo der gott der götter geldschein
heißt, und seine apostel die
neonlichtreklamen und
hochglanzprospekte, a n d a u e r n d
schwatzen in ihrer gier.

in euch, wo eine hübsche
mittelklasseillusion wichtiger geworden ist,
als eine simple frage.   und nichts gibt es,
n i c h t s, das satter von zynismus trieft als
eure langeweile.   ihr habt keinen mut,
keine idee, keinen sinn.
l a n g e w e i l e.
wie zynisch ist das, dem leben gegenüber?

euer u n d a s e i n füllt sich mit der
adminstration von aschenbräuchen, eine
stumpfe abfolge von handlungen die keine
sind, und niemals auch nur die geringste
chance haben, jemals zu etwas zu werden
das bedeutung hat : eine tat.

in der offenheit einer kosmischen
werteskala liegt alldies vor mir,
quantensprünge von einer eklipse zur
anderen, m u s p i l l i, weltenbrand, doch
für euch: ohne belang
tiefgefroren und absolut ohne bedeutung.

an dieser stelle dies : für euch ist natur bloß
noch kulisse für schwachsinnige sport und
musikevents. oder : fitnessgerät.
totgeschlagene materie die es möglichst
effizient zu verwerten gilt.

und ihr b e t e t sie an, die letzten
überreste der antiken götterstatuen, auf
knien betet ihr sie an, die
schaufensterpuppen.
e u r e   i k o n e n.
ersatzkörper, mit denen ihr euch
identifiziert. kultplastiken, nur mit anderen
vorzeichen als in der antike.
w i e   a b g e s t u m p f t   d a r f   m a n
s e i n ?

da sind sie, die w a r e n, in schaufenstern
ausgestellt, wie hostien

so offensichtlich hat man euch
dahingetrieben, wie plump zielt alles auf
die mystische vereinigung mit diesen w a r
e n, und tausendmal schon schleppt ihr
diesen plunder in eure stickiggelben
wohnungen, und merkt nicht, das die
erlösung fernbleibt. ihr habt kein
gedächnis.
wieder, und immer wieder zieht ihr los in
die kathedralen des konsums.
das geld ist grundsakrament.

kommunion durch geld , die keines haben,
sind exkommuniziert.
d a s ist euer zusammensein, d a s ist eure
gemeinschaft.

einkaufskult ist euer kult. einkaufskult ist
permanentkult, er unterbricht den alltag
nicht, so, wird eure flucht nahtlos;
selbstversklavt.
das land bedeckt mit produktionsanlagen,
und die erde zugemüllt.
dieser kult, ist die pure angst, jemandem zu
begegnen.
e u c h s e l b s t.

und ihr betet den schwachsinn an, und ihr
könnt nicht aufhören damit.
und wenn jene, die euch hineingelegt
haben, euch auch noch als " konsumenten "
behöhnen, so, tun sie recht.

diese religion erlöst nicht, sie verschuldet;
doch gehetzt von statusängsten,
der referenzgruppe voran oder hintennach,
stürzt ihr reihenweise hinein in die infarkte.

mit der scheckkarte durch die palmwälder
der imaginationen, mit tranquillizer durch
die zwielichter der verworrenheit,
trimorphe persönlichkeitsspaltungen von
ununterbrochenem farbfernsehen.

aus den ghettos eurer selbsttäuschungen in
die sicherungsnetze von novartis, pfizer &
hoffmann la roche.
oder : alkohol.

wenn ihr des morgens das messer an die
butter setzt um sie zu enfalten,
warum rammt ihr es euch nicht in den
bauch?

hypertrophien.
hybris

zum geringsten anlaß sprießen die knospen
der selbstgefälligkeit, und der üble geruch
dieser selbstgefälligkeit ist es, der jeden
morgentau lang mit dem mißgeschick der
verständigung kopuliert, die ebenso keine
verständigung ist, und all das paart sich mit
der in den gassen gefrorenen heuchelei.
kein tornado, kein hurricane könnte das
hinwegfegen;
was sich ihm bietet, ist sich an all den
verlogenheiten die aus euren mündern
zischen zu verstärken und er wird zu euch,
zu dem was ihr seid, zu einem einzigen
megalomanischem mißgeschick.

die wunder der vielfältigkeiten werden
administriert wie eine seite buchhaltung.

bewußtseinsbankrotteure

moribunde dämmerung.

exequien des intellekts.

ihr, der götter mißlungenster feuilleton
ihr, inbegrifflichkeit kardialer diskordanz
.

mefitischer gestank zur atemluft erheiligt,
glaubt ihr ungebrochen an dieses große
fragezeichen, an eine epoche des
übelriechenden atems, doch ich sage euch,
in unverklärter wahrheit, es ist bloß:
ein warten.
ein warten auf ein morgen das nie kommen
wird, weil ihr nicht imstande seid auch nur
das geringste für ein morgen zu tun.
alles an euch, und in euch, und mit euch,
ist ein warten auf die kühlen dunklen gänge
ohne ende.

auf diesem ozean der ungewißheiten
schaukeln eure kinder, in winzige
nußschalen luzider täuschungen gedrängt,
hypnotisiert von ihrer eigenen angst.
hohl und zerbrechlich dazu angehalten, in
der stummen hysterie ihrer ersten ahnung
zu verharren, weil niemand mehr als
versprechungen für sie bereit hält.
verlassen sind sie, von anfang an.

was bringt ihr euren kindern in den schulen
bei?
das zwei mal zwei angeblich vier sein soll,
und das die hauptstadt von Frankreich,
Paris heißt.

an dieser stelle :

berlin: aufgeblähtes stirnchakra
wien: misoneistisch vom tiefbraunen kern
bis in die marzipanier
paris: erstes popochakra
(auch: arschchakra)

rom: aus triebsäften destillierte nacht
london: b e d a u r e
balkan: grenzenloser untergang
russland: ephemere katilinarismen
vereinigte staaten: töten für einen parkplatz

das seid ihr, weil ihr es aus euch gemacht
habt, und aus keinem anderen grund.

alles auf leistung & nutzen ausgerichtet.
angehalten, dem dogma des funktionalen
zu huldigen als wäres die erfüllung.
kein geschnitzer tiger, nirgendwo,
nichteinmal das, kein partikel kunst in den
klassenzimmern, kein spurenelement von
geist, und wenn ich frage - wie eure kinder
unter diesen bedingungen denn je ihre
sinne für das schöne öffnen werden, dann
bleibt das eine rhetorische frage, denn i h r
seid es, die sie wie die schweine in graue
betonklötze pferchen und sich vormachen
das trotzdem etwas daraus werden kann.
ihr schweine.
und ich weiß von beginn dieses

anniversariums einer anthropozentrischen
idiosynkrasie, es bis hierhhin vermieden zu
haben, das tierreich, und meine sprache zu
demütigen, doch ich sage es hier
nocheinmal : IHR SCHWEINE !

diese eure kinder warten, zu monolithen
erstarrt, in einem trüben stinkenden pfuhl
von versprechen und hoffnungslosigkeit.
diese kinder warten, mit einem bezahlten
lächeln, auf etwas das ihrer meinung nach
ganz bestimmt geschehen wird;
etwas, das einfach so vorbeikommt, und
glänzt, und funkelnagelneu ist, etwas das
man nur geschenkt bekommt.
und sie warten lange, denn natürlich
geschieht es nicht.

eure lügen sind es die ihnen alle zeit raubt.
doch keine allzuheftige sorge, das stöhnen
dieser eurer kinder geht ohnedies unter, im
geblubber von sechzehnventilmotoren und
dem zähen kot einer millionenstadt.

ihr versucht nichts dafür, das diese welt
euren kindern würdig wird.

unwürdigkeit, ist euer zustand;
ihr, ihr kleinbürger, und ihr, ihr großbürger,
den taglang in schwachsinnige chansons

versunken, eure volksmusik, bourgeoise volksmusik,
ihr, längst tot in euren bräuchen, die längst kein feuer mehr sind, sondern nur noch das ablecken der asche.

was macht ihr nach dem frühstück?
ihr steigt in eure immer gewaschenen autos und beginnt euer erledigungsleben, euer erledigungsleben, das den namen des lebens nicht verdient.
erledigungsleben statt erlebniserleben.
wie jämmerlich, wenn ihr euch doch bloß sehen könntet; fahrt einkaufen.

tag um tag versuche ich dem alldem auszuweichen wie einem pferdeapfel der noch lebt, einem, der noch dampft, einem der noch warm ist, und mich an euch erinnert wenn ihr hinter meiner von innen verschlossenen tür unsichtbar geworden seid.
aber ich höre euch, eure rasenmäher, eure heckenscheren, euer sinnloses aufbäumen gegen die natur, bloß, weil sie es ist die euch gebietet zu sterben,
ihr könnt nicht gewinnen.

und ich höre eure immer gewaschenen dieselkleinwagen, das genügt um eure

geschichte im kopf zu haben, DAS würde
schon ausreichen mein stammhirn zu
zersieben;
eure stimmen, sind gänzlich überflüssig.

wie laut ist euer kampf gegen das
selbstverständliche, wie laut das rufen nach
der ewigkeit, an die ihr vor ehrfurcht,
ohnehin nicht zu glauben wagt.

ihr, die biologische deviation, profus nur im
wahnsinn, paradiert ihr mit euren waffen
und eurem plastikmüll um die erde.
und ich weiß es, auf epiphanien,
ist geschissen von euch.

soll ich noch ausfälliger werden damit ihr
hört? damit ihr versteht,
ihr eleven, der aporie ihr schwadroneure.
unhorizont.
ihr unhorizontliches pack.
und eine zumutung ist ebenso eure
ängstlichkeit, die alles zu verhindern sucht
das irgendwie nach leben, oder schlicht
anders aussieht.
als ich ein kind war, und heute, 40 jahre
danach - nichts hat sich verändert.
a b s o l u t   n i c h t s .

verkrochen in eure höhlen mordet ihr ruf
und wenn ihr könntet, würdet ihr wieder
öfen bauen, für alles, das auch nur eine
idee breit abweicht, von dem, was ihr ICH
nennt.

aphelium.

ihr ward nie ungebrochen, und ihr habt
euch eine welt gebaut in der ausschließlich
ihr selbst und euresgleichen dahinsiechen
möchten, für welche wie mich, ist dies eine
zumutung.

paralysiert.
paralyse.

ja, im katechismus des normativen fühlt ihr
euch wohl, nur dort;
dort, seid ihr zuhause. ihr liebt sie, die
einheitsmacher, die normverkünder,
die vermesser, die internierer,
die stempelschwinger.
ihr liebt sie, durch sie, und in ihnen, und
mit ihnen habt ihr stets eine entschuldigung
für a l l eure unterlassungen.

wenn ihr pflanzen wäret, ich würde euch
ausreissen und begraben, als dünger für
etwas besseres.

wenn ihr schiffe wäret, würde ich euch ins
zentrum des ewigen eises fahren, und: euch
: p a r k e n.

und wenn das ewige eis nur einigermaßen
hält was es verspricht, so wäre das
penetrante problem das ihr seid, g e l ö s t.

das wirklich schlimme jedoch, das ist, was
ihr: euer gehirn nennt.
diesen auswurf an mittelmaß, denn alles
was ihr sagt wird religion für eure kinder
sein, weil sie es nuneinmal nicht besser
wissen können.
und wißt ihr, was d a s bedeutet?
das bedeutet, es wird zweite geben wie
euch, und dritte, und vierte….

kastrieren und erschießen.
das ist meine antwort, auf euer tun. auf
euer sein. auf euer wollen.

ihr seid nicht und ward nie.

die gehirne zu senkgruben der ewigen
scheiße verkommen und für 1000
inkarnazionen hinaus, verloren, im
mittelmaß.

wenn man sehen muss das ihr euch
fortpflanzt, …könnt ihr ein gefühl wie
meines ermessen?
n i e m a l s.
in all seiner bedeutung: n i e m a l s.

d a s habt ihr begriffen:
wo er hingehört.

wie können die götter soetwas zulassen. ???

aber versteht ihr überhaupt wovon ich
spreche?
versteht ihr diese sprache denn?
vergesse ich denn nicht die, zu denen ich
spreche?

soll ich mir das vorwerfen lassen?
also, hier habt ihr es:

ihr fotzen…
ihr schlächter… ihr stumpfen horden.
fernsehen.

ihr schwachsinnigen.   fernsehen.
ihr würmer. i h r g e i l e n f e t t e l n.
fernsehen.

und sonst?...   fernsehen!   fernsehen.

und weiter..?
f e r n s e h e n.

und wenn nichts im fernsehen läuft, was
macht ihr dann?
aber es läuft doch immer etwas - nicht
wahr?

f i c k e n !

das schlimmste, euch reproduzieren.
euch vervielfältigen.
euch weitererhalten.
euch fortführen.
ihr treibt es wie die i r r en weil ihr irre
seid, aus keinem anderen grund.

FRESSEN FICKEN FERNSEHEN.   in dieser
reihenfolge.
exakt in dieser reihenfolge.
steinzeit, bronzezeit, eisenzeit, renaissance,
barock und mittelalter;
christi geburt und den urknall, das alles
pumpt ihr in euch, in die schwarzen löcher

der ewigkeit, in dem alles zum letzten mal
von neuem beginnt.

ihr versteht meine sprache nicht..?

hier, bitte:
ihr blöde horde von extraköpfen,
ihr hammelscheisse ihr latrinengeststank.

ihr bumsköpfe
ihr schwachköpfe
ihr fickköpfe
ihr stumpfköpfe.   mit und ohne titel vor
euren bedeutungslosen namen.
wie die tiere stoßt ihr euch in die flucht.
v o r e u c h s e l b s t.
idioten.
stoßt euch tot.

eure unbewußtheit, euer rudimentärer geist,
eure spirituelle difformität,
zwei minuten betrachtung eures tuns läßt
jeden der nicht ihr seid
kotzen wie ein kanalrohr bei endstation.

das, ist die wahrheit.

aufgelöst in eurer verlassenheit, verhärmt,
häßlich, häßlich wie eine weggeworfene
pizza, und mit dieser häßlichkeit liegt sie

da, die ganze ignoranz der epileptisch
glitzernden gier die sich in euch selbst
zum sieg verholfen hat, und der unmöglich
mehr beizukommen ist, und die alsdann
den kurzen weg der sogenannten evolution
besiegeln wird, all die körper auflösen
wird, in denen die seelen gekerkert und
geknechtet die stunden zur apokalypse
fristen.

elektrochemischer unsinn,
unsinn in rasender abfolge, mit der
geschwindigkeit von kakerlaken, die das
astloch in der speisekammertür entdeckt
haben.

diese eure elende, jämmerliche furcht,
verpackt in verträge und versicherungen.
sichtbar, in krieg & irrsinn.
diese furcht in euch, feist und beharrlich
wie ein mistelgewächs, gibt sie all ihre
magie an den entwurf des egomanischen,
damit ihr euch peinigt und tötet,
und die zeit der farben in nebelgraue
hoffnung gefriert.

diese eure welt, seziert aus kranken
gehirnen, durch unablässiges widerkäuen
zur unabänderlichen wirklichkeit g e h e i l
i g t.

ich weiß, das, ist keine große dichtung; es ist scheißdreck.
es ist dreck - weil ich über euch schreibe
DIE WAHRHEIT DER SPRACHE :

ihr seid flüchtig, im sinne der flucht.
ihr selbst, seid das epizentrum des untergangs.

schon der kleine schnurrbärtige sagte es ganz offen:
> was für ein glück für die regierungen das die menschen nicht denken <
das, ist 60 jahre her, und euch fällt immer noch nichts auf.   was sagt ihr dazu?

ihr tölpel schießt auf eure brüder wenn man's euch anschafft.
ihr seid nichts.
ihr habt nichts.
keinen charakter, keine verantwortung.
eine willenlose stumpfe horde die man nur in den krieg schicken kann,
und der galaxie ein geschenk damit macht, wenn man sie dahinrafft.
wenn man sie gegenseitig dahinraffen lässt !
ihr bekommt, und ihr habt bekommen, was euch gebührt.

ihr glaubt immer noch was in den zeitungen steht, und was euch die manipulierende klasse erzählt, und ihr, die ihr euch zur manipulierenden klasse zählt, glaubt immer noch an die legitimationslügen, und als letzter werde ich euch für so dumm halten, das ihr so dumm wäret, ihr glaubt daran, weil ihr daran glauben wollt.

ihr habt keine wahl.
wahrsein, ist zu groß.

und eure frauen, voll lippenstift und schminke aus tierversuchen, zeronnen, mit tränen vermengt, mit den tränen all der toten hasen, und ratten, und kapuzineraffen die blind & elendiglich verdarben für sogenannte schönheitsfarben, für make up, die, wenn es schönheit gab, die schönheit nur verbargen.
rot und blau und flittergold ins antlitz geschmiert, ohne gedanken.

euer sackgassenhafter geist, ihr dumpfen konsumenten - und genau das seid ihr - und vor allem, was euch da größte entzücken abringt, ist ein eiertanz, ein trallala.
flaches zeug.
hauptsache es passt zum vorhang.

ihr seid dermaßen degeneriert das ihr über nichts staunt.

ihr folgt der plakatierten ideologie.
unverändert.
ihr staut auf den autobahnen, zu den stechuhren und begreift nicht.

ihr eventsüchtigen claqueure.

die verwirrung, über der welt, ist jene verwirrung die in euch liegt,
disjunktion, ist eure sehnsucht.
und dann bucht ihr,
allinclusive - restplatz - touristenschließfach - pauschallangeweileurlaub.
urlaub.
last minute, club med, oder 27 sterne, was immer man sich leisten mag, oder kann.
wenn ihr jemals gewußt habt was eine
r e i s e ist, habt ihr vergessen.
ihr macht: urlaub,
um diesem " leben " das sich als solches nicht mehr nennen mag,
zu entfliehen.
um zu vergessen
um nicht wahnsinnig zu werden, im stumpfen trott von daseinserledigung

ja. stellt euch ruhig.
u r l a u b.
fernsehen, nur anders.

ihr gehirninsuffizienten zelebriert die
antiökologische penetration des tourismus
zum dichten schwarz der luft,
ihr, die sogenannten provinzhonoratioren,
ihr dreht die spirale zum endlosen beton,
zum ewigen skilift, zum tod aller atmenden
wesen. für und wegen : profit.

in spanien hat man
unglaublicherweisesogar : strände
betoniert.
als die erste flut in der zweiten ebbe
verschwand, verschwand mit ihr der
künstlich aufgebrachte sand.
und ihr, die ganze herde, verschwindet mit
billigen flugtickets in einem billigen urlaub
und mit euch verschwindet das kerosin in
der luft. wohl bekomm's.
wohl bekomm's.

die in zu vielen von euch vorangeschrittene
abwesenheit einer allgemeinverbindlichen
ethik, die in zu vielen von euch
vorangeschrittene anwesenheit der gier, die
längst zur gewalt geworden, zu jener der

sie entstammt, wird zu inflation werden, zu verfall und krieg.
wie jeher .
ein aphotischer planet wird es sein, lichtlos an den sonnigsten stellen. und eure chamäleonären polytropen talente werden nichts retten können, sie werden euch nichts nützen, im unausweichlichen endgültigen zerfall.

in verschlossener faulheit, ist in euch die ignoranz fortgetragen, die arroganz,
die uns alle richten wird.
welch glorie auch hier, das ihr, unsere richter seid.

ja, welch glorie, durch alle zeiten und planeten.
ja. ihr, psychisch dekonstruiert.

die uniformierten sonnen sich im glanz intellektueller unmöglichkeiten...
...die sonnen, längst geschwunden, und die nacht wird immer dunkler.
denn sie ist in eurem kopf.

retirade.
trostloses gebüsche.
gedränge.

und liegen nicht weite teile eurer hoffnung
in diesem ewigen morgen?
d e s h a l b hört ihr nie auf damit kinder
herauszuziehen in diese welt.

die bilder die ihr lebt, die vollkommene
identifikation mit diesen rollen ist das
zentrum eurer existenz, bricht ein bild,
brecht ihr entzwei.
kein blick ins innere.
kein suchen wo es dunkel ist.
identifikation führt nicht zu identiät
.

in dieser zeit der opfervergessenheit, sind
manche von euch nur bei tisch am platz.
ausschließlich zum essen geschaffen.

e s s e n.
i r g e n d e t w a s a u f n e h m e n

5 kilo fischmehl braucht es um einen kilo
lachs aufzufüttern.

leergefischten strände vor chile, equador
und argentinien.
das paradies ist eine riesige pflanzenanlage,
im jüdischen wie in der christlichen
vorstellung. aber euch ist alles egal, alles,
für den geringsten genuß.

zu euren herrschern werdet ihr beten, von
tränen gerührt das sie so klug waren euch
vielköpfige horde zu bändigen.
ihr seid in die sünde gestopft.
ihr unseelige klumpen.

eine demokratie lebt vom erhalt
moralischer recoucen.
diese moral hat in religiösen
glaubenshaltungen ihren ursprung. in sonst
nichts.
wo denkt ihr kommt ihr an - nach gottes
tod ?

blutleere kolonialisten des profits, huren
ohne trottoir, aus dem wohlstand in den
wohlstand hinein, im verlust von zivilem
konsens, identifikation mit einem abstrakten
zahlencode im computersystem eurer bank;
pädophile swingerclubs, bischofsgesichter,
grenzfestungen der seele, almosen.

der horizont ist dunkel, ähnlich der farbe
von feuchten schatten
sollbruchstellen, kein ausgleich für leere,
vermengt mit dem geruch von falscher
seife. ein moment des falschen glanzes.

die neoliberale rennstrecke. des
turbokapitalistischen irrtums.
stein und stahl gewordene zeichen von
allmacht, oder dem wunsch nach dieser,
diese den klötzen innenwohnende
undemut, wird das ende sein.

wer von euch, der nicht von haus aus ein
potenzieller psychopath

wer, der nicht zu helfen vorgibt um sich der
macht zu ergötzen,

wer, der nicht zu helfen vorgibt um an euer
geld zu gelangen,

wer, der nicht falsches zeugnis legt, hinter
dem rücken des noch eben freund
genannten.

wer, der nicht falsches zeugnis legt, um
sich vorteil zu verschaffen,

wer, der nicht verdammt in angst.

bigotte haufen.
und jedem von euch erkennt man schon am gang, die zwiegesichtigkeit, die hinterlist.

in euch ist alles was ihr selbst verabscheut.
eis.
dantes hölle.
fasst die hand des anderen und wen fühlt ihr? den anderen, oder euch?
was also heißt, das der andere uns spiegelt?

ja, dort, tief in den gottverlassenheiten, gibt es jede menge von euch.

als einzigen, als wahrhaft einzigen milderungsgrund, weiß ich nur eines anzuführen, es sind achthundertmilliardenneunhundert - zweimillionenfünfhundertdreiundzwanzig - einhundertzwölftausend
(800.902.523.112) inkarnationsfolgen vom ersten bis zum letzten menschen.
heute, im 7.000sten akt eines knapp 900 milliarden akte dauernden menschheitstheaters seid ihr, irgendwo am anfang.

bedenken wir dies, was könnten wir
anderes erwarten?

bevor ich euch jedoch entlasse, ihr
schweine, in euren saustall, sage ich euch,
warum die geschichte nichts von euch
wissen will, warum die geschichte niemals
eure anliegen verficht, warum ihr nicht zur
kenntnis genommen seid vom ewigen.

es liegt daran, das ihr kleingeister seid.
das ist der preis für alltägliche
bequemlichkeit und alltägliches schweigen.

aufgrund dieses preises ist alles
glücklichsein steril, alles traurigsein bleibt
ohne mitgefühl.
jeder kleine moment wird von der zeit
aufgelöst wie ein im regen liegengelassener
super 8 film. geräuschlos, rasch ersetzt
durch tausend lautlos wachsende pilze.

wenn ich nicht genau wüßte, das ihr und
ich, bloß ein kurzer schimmer am
kosmischen horizont, ein monostichon in
der zeitlosen geschichte des raums sind,

ich würde noch heute damit beginnen euch
zuzukoten.
euch zuzuscheißen.

ihr müsstet es nicht, doch ihr lebt
unbehaust.

ihr seid : unbewohnt.

worte …zu tauben   sind stumm.

*mit textfragmenten von Peter Weibel,
Jesus Christus & Douglas Coupland .*

seltsamen dank an meine nachbarn für alle inspirationen

ohne sie, wäre vieles nicht.